Género Fantasía

Pregunta esencial

¿Cómo afectan tu vida los inventos y la tecnología?

La máquina de lavar platos

Manuel Fernando Camperos • ilustrado por Javier E. Pérez

CAPÍTULO 1

Un ruido en la cocina

Era una noche estrellada. Todo estaba en silencio. Había sido un día largo y la familia Conejo dormía plácidamente en su madriguera. De repente, un ruido fuerte hizo temblar el lugar. Mamá y Papá Conejo se levantaron al instante.

—¿Qué fue eso? —preguntó Mamá Conejo, levantándose de un salto de la cama.

—Vino de la cocina —dijo Papá Conejo—. Iré a investigar.

Al llegar a la cocina, Papá Conejo vio una fuente de agua en el lavaplatos eléctrico. Había agua por todas partes y algunos platos rotos.

—¡Oh, no! ¡El lavaplatos se descompuso! —gritó Papá Conejo.

Rápidamente Mamá y Papá Conejo se pusieron a organizar el lugar. Aunque hicieron un gran esfuerzo para poner todo en orden, cuando los rayos del sol iluminaron la cocina, había montañas de platos por todas partes. ¡El lavaplatos estaba descompuesto!

Mamá y Papá Conejo estaban preocupados por el lavaplatos estropeado.

—¿Cómo sucedió esto? —preguntó Mamá Conejo.

—Se habrá cansado de limpiar tanta mugre —respondió Papá Conejo con gracia.

Una solución era comprar un lavaplatos nuevo. El problema era que la familia Conejo no tenía dinero suficiente para hacerlo. Entonces, Mamá y Papá Conejo decidieron arreglar el lavaplatos. Empezaron a tratar de encajar los tornillos, las tuercas y los engranes con la mayor precisión posible, pero siempre había un tornillo que sobraba o uno que faltaba y el agua volvía a salirse. El mecanismo del lavaplatos era desconocido para ellos.

AHORA COMPRUEBA

¿Por qué Papá y Mamá Conejo intentaron arreglar el lavaplatos?

CAPÍTULO 2

¿Y los platos?

Mamá y Papá Conejo no lograron arreglar el lavaplatos. Sus veinte hijos se despertaron, llegaba la hora del desayuno y, pronto, debían ir a la escuela.

Mamá y Papá Conejo prepararon el desayuno con cereal de zanahoria, jugo de zanahoria, pan de zanahoria y frutas y verduras, acompañadas de zanahorias.

Los veinte hijos de Mamá y Papá Conejo desayunaron. Luego se lavaron los dientes y estuvieron listos para salir saltando a tomar el autobús escolar.

Mamá y Papá Conejo se miraron preocupados. ¿Qué harían con tantos platos para <u>lavar</u> y sin un lavaplatos?

Organizaron los platos en varias pilas. Los podrían lavar en el arroyuelo más cercano. El camino era largo. Llevarían cada pila de platos con cuidado, no querían salir de la casa con veintidós platos sucios y regresar con cinco platos limpios y diecisiete platos listos para reposar en la basura.

Además, esa noche iban a dar una gran cena.

—¿En qué platos les serviremos a los invitados? ¿Dónde comerán? ¿Qué prepararemos? ¿En qué sartenes cocinaremos? —preguntaba Mamá Conejo con gran preocupación.

Detective del lenguaje	**El verbo subrayado está en infinitivo. Busca otros verbos en infinitivo en esta página.**

Mamá y Papá Conejo se imaginaron cómo transportar todos los platos, sartenes, ollas, cubiertos y vasos. Serían como dos aventureros recorriendo el largo camino hasta el riachuelo para lavar los platos. No, ese plan no podía funcionar.

Desanimados, salieron a caminar por el bosque. Trataban de encontrar una solución. En el camino, se encontraron con la tortuga ecuatoriana, Rondi Tortuga.

—Muy buen día, señores Conejo. ¿Por qué están tan tristes? —les dijo Rondi.

—Estamos bastante preocupados —respondió Papá Conejo de manera atropellada—. Nuestro lavaplatos eléctrico se averió. Tenemos una cena esta noche. No podemos ir a la cima de la montaña a lavar los platos y los utensilios de cocina. Además de que es bastante excéntrico, no lograremos regresar a casa con todos los platos en buen estado.

Rondi Tortuga se ofreció a ayudarles. ¡Más patas para colaborar! Mamá y Papá Conejo estuvieron muy agradecidos con Rondi.

Detective del lenguaje	**Los gentilicios indican de dónde vienen las personas o cosas. ¿Puedes encontrar un gentilicio en está página?**

Los tres caminaban a paso de Rondi Tortuga hacia la casa de la familia Conejo para llevar los platos a la cima de la montaña. De repente, Rondi exclamó:

—¡Tía Dragona! Ella tiene un laboratorio. Seguramente, con la cantidad de instrumentos que tiene, solucionará el problema del lavaplatos. ¡Es necesario un poco de tecnología!

Como los señores Conejo no sabían dónde quedaba el laboratorio de ingeniería y tecnología de Tía Dragona, Rondi les hizo el boceto de un mapa para que llegaran allá con facilidad y rapidez.

CAPÍTULO 3

El laboratorio de Tía Dragona

Los conejos se dirigieron muy ágiles y veloces al laboratorio de ingeniería y tecnología de Tía Dragona. Al llegar allí, tocaron tres veces a la puerta.

—¿Quién toca? —se oyó decir.

—Somos los señores Conejo, Tía Dragona. Necesitamos tu ayuda —respondieron Mamá y Papá Conejo—. Un importante artefacto de nuestro hogar ha sufrido una avería.

—Llegaron al lugar indicado —dijo Tía Dragona—. Puedo solucionar todos los problemas.

Al entrar al laboratorio de Tía Dragona, los recién llegados vieron muchos experimentos: unos muy raros y otros muy interesantes.

Tía Dragona los escuchó detenidamente. Era importantísimo encontrar una solución.

—¡No tener dónde lavar los platos para una familia de veintidós es un gran problema! —exclamó Tía Dragona—. Lo solucionaremos. Por algo soy la creadora de inventos precursores.

Los señores Conejo estaban angustiados. El tiempo corría. Los invitados llegarían. El lavaplatos seguía sin funcionar. Los platos sucios invadían la cocina. Sin embargo, Tía Dragona estaba tranquila. Como el tiempo era lo que menos le preocupaba, les dio un poco de té. Mientras Papá y Mamá Conejo bebían, ella se puso a realizar bocetos para una nueva, ingeniosa y ecológica máquina lavaplatos.

AHORA COMPRUEBA

¿Cómo y por qué llegaron los señores Conejo al laboratorio de Tía Dragona?

—¡Un lavaplatos nuevo! —exclamó Papá Conejo.

—Es mejor que tengan un lavaplatos nuevo y más eficiente —dijo Tía Dragona—, o ¿quieren lavar a mano esa montaña de platos sucios?

La Dragona, como una tía laboriosa que ayuda a sus queridos sobrinos, se puso a construir un artefacto que lavara rápidamente los platos y que fuera ecológico. ¡Para todo dragón es importante que las máquinas funcionen bien y que, al mismo tiempo, cuiden la naturaleza!

Construir la máquina no fue una tarea fácil. Tenía una gran cantidad de detalles. Tía Dragona hizo un primer modelo que no fue exitoso. Fue el precursor de otros cinco modelos. Luego de un par de horas de mucho trabajo, finalmente Tía Dragona construyó una máquina que funcionaba con tecnología sencilla: la energía del sol.

—Muchas gracias —dijo Mamá Conejo—. Eres una gran inventora. Ven a cenar con nosotros esta noche. Probarás mis deliciosos manjares de zanahoria.

CAPÍTULO 4

Una dulce cena

Los señores Conejo no podían creer la velocidad de Tía Dragona para inventar artefactos. ¡Cómo dominaba la tecnología!

Las montañas de ollas y platos sucios desaparecieron después de instalar el lavaplatos solar. Lo instalaron los señores Conejo con ayuda de los veinte conejitos.

El aparato de Tía Dragona era tan ecológico que no necesitaba cables, solo energía solar para funcionar. Tenía unos bellos paneles que recogían la energía de este maravilloso astro. De esta forma, Mamá Conejo se disponía a cocinar.

La cocina estuvo organizada antes de la cena. Mamá Conejo preparó sus deliciosos manjares de zanahoria para todos los invitados. Papá Conejo y los veinte conejitos ayudaron en todas las labores del hogar. Como es bien sabido, todos los conejos son muy colaboradores.

Todos los invitados estuvieron satisfechos con semejante cena. La familia Conejo se había lucido con la invitación y, por supuesto, el lavaplatos solar también: fue el protagonista de todas las conversaciones.

Tía Dragona les enseñó a los veinte conejitos cómo funcionaba un auto con energía eólica o del viento. Definitivamente, Tía Dragona sabía mucho de tecnología y de ecología.

AHORA COMPRUEBA

¿Qué hizo Tía Dragona durante la cena?

Respuesta a la lectura

Resumir

Usa detalles importantes de *La máquina de lavar platos* para resumir el cuento. Puedes usar el organizador gráfico como ayuda.

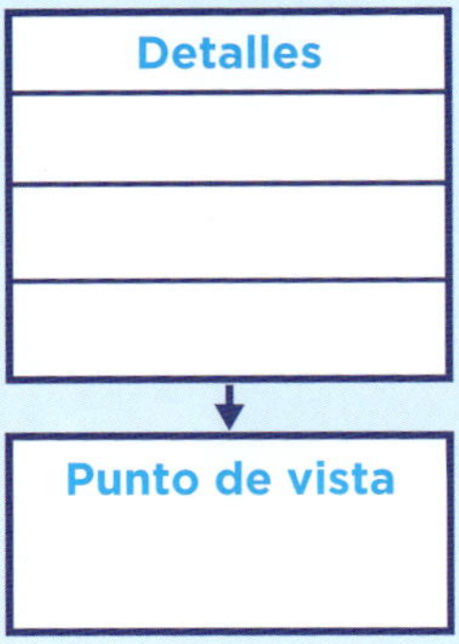

Evidencia en el texto

1. ¿Cómo sabes que *La máquina de lavar platos* es fantasía? Identifica una característica del cuento para determinarlo. **GÉNERO**

2. Vuelve a leer el capítulo 1. Describe el punto de vista desde el que se narra el cuento *La máquina de lavar platos.* **PUNTO DE VISTA**

3. Encuentra un sinónimo de la palabra *arroyuelo* en la página 8. **SINÓNIMOS**

4. Escribe sobre la importancia de la tecnología en la vida de la familia Conejo. **ESCRIBIR SOBRE LA LECTURA**

Género Texto expositivo

Compara los textos

Lee cómo usó la radio el presidente Roosevelt para hablarles a los estadounidenses durante la década de 1930.

Las charlas familiares de Roosevelt

Franklin D. Roosevelt se convirtió en el presidente de Estados Unidos en 1933, durante la Gran Depresión. Fue una época muy difícil. Cerraron muchos bancos, fábricas y tiendas. Millones de personas perdieron sus casas y sus trabajos. El presidente Roosevelt quería hablarles directamente a los estadounidenses.

La Gran Depresión fue una época muy difícil para las familias.

Un nuevo uso para la radio

Las charlas del presidente Roosevelt en la radio se llamaron "charlas familiares". Las personas lo podían escuchar en la sala de sus casas. Usualmente empezaban con "Mis compatriotas estadounidenses" o "Mis amigos".

El presidente Roosevelt era calmado y optimista. Explicaba qué hacía el gobierno para ayudar a la gente. También les decía a los oyentes qué podían hacer para ayudar.

La edad de oro de la radio

En la década de 1930, las familias se reunían para escuchar la radio de la misma manera que la gente se reúne hoy para ver televisión. Escuchaban música, deportes, comedias, historias y las noticias más recientes. Por primera vez en la historia, las personas comunes y corrientes podían oír las noticias de todo el mundo cuando sucedían.

Tranquilizar a una nación

Entre 1933 y 1944, el presidente Roosevelt transmitió aproximadamente 30 charlas familiares. Les pidió a sus oyentes que tuvieran fe en los bancos y que apoyaran su plan de recuperación. En 1941, cuando Estados Unidos entró a la Segunda Guerra Mundial, pidió a sus oyentes que apoyaran el esfuerzo de guerra.

Las charlas eran muy populares. Ayudaron a tranquilizar a las personas durante una época muy difícil en la historia.

El presidente Roosevelt hablaba a sus oyentes como un amigo.

Haz conexiones

¿Cómo hizo posible la radio que las personas oyeran las noticias más recientes? **PREGUNTA ESENCIAL**

¿Cómo ayudó la tecnología a la familia Conejo y al presidente Roosevelt? **EL TEXTO Y OTROS TEXTOS**

Enfoque: Género

Fantasía Los cuentos de fantasía tienen características que no son posibles en la vida real. Algunas fantasías ocurren en mundos antiguos con dragones y tesoros. Otros cuentos de fantasía tienen un ambiente moderno e incluyen animales que hablan o criaturas irreales con poderes especiales.

Lee y descubre Uno de los personajes de *La máquina de lavar platos* es una dragona. Vuelve a leer sus características. ¿Qué hace? ¿Cómo ayuda a la familia Conejo?

Tu turno

Analiza con un compañero la importancia de la tecnología. Inventen otro cuento de fantasía con otro invento tecnológico. Después léanlo a la clase y expliquen en qué consiste el invento tecnológico.